Papel certificado por el Forest Stewardship Council®

Penguin
Random House
Grupo Editorial

Primera edición: noviembre de 2021

© 2021, Melisa Gómez y Juan Llorca
© 2021, Penguin Random House Grupo Editorial, S. A. U.
Travessera de Gràcia, 47-49. 08021 Barcelona
© 2021, Lirios Bou, por las ilustraciones

Printed in Spain – Impreso en España

ISBN: 978-84-488-5861-2
Depósito legal: B-12976-2021
Realización editorial: Araceli Ramos
Impreso en Gráficas 94, S.L.
Sant Quirze del Vallès (Barcelona)

BE 5 8 6 1 2

¡PUAA AAJ!

Un cuento para motivar la ALIMENTACIÓN SALUDABLE

MELISA GÓMEZ · JUAN LLORCA

Ilustraciones de Lirios Bou

Beascoa

SOBRE ESTE CUENTO

Tanto en niños como en adultos, existen muchos factores que pueden afectar a nuestro apetito. Comprender esto podrá resultar de gran apoyo para disfrutar de las comidas en familia sin presiones ni juicios y nos ayudará a promover no solo unos buenos hábitos alimentarios, sino también una mejor relación con la comida, en la que cada peque pueda crecer escuchando las señales que su cuerpo le indica (y que pueden variar mucho de un niño a otro).

Estas señales irán de la mano con los mecanismos que se encargan de regular el hambre que sentimos, y que usualmente se adaptan a las necesidades de cada etapa, pero también podrán ser la respuesta a otros factores, como, por ejemplo, la afinidad por el sabor dulce o la preferencia por las texturas crujientes. Esto podría impulsarnos a comer un helado o unas patatas fritas o, por el contrario, a rechazar ciertos colores o sabores. Así pues, es habitual encontrarse con etapas en las que no nos apetecen alimentos, pongamos por caso, de color verde o amargos. También podremos sentir desconfianza por lo que aún no conocemos o podrán darse entornos favorables que nos harán sentirnos más cómodos ante las comidas ofrecidas. En cualquiera de estos casos, existe una receta para convertir las comidas en momentos de aprendizaje y disfrute: escucharnos.

Estamos en la cocina de casa. Hoy es jueves 4 de mayo y solo falta un día para el cumpleaños de Amaia.

¡Está a punto de celebrar su quinto aniversario!

¡QUÉ ILUSIÓN!

A Amaia le encantan sus fiestas de cumpleaños: son perfectas, porque algunos familiares la visitan a casa, también vienen unos cuantos amigos y come su pastel favorito, que siempre es el mismo, pero todos los años tiene una forma distinta.

Está muy emocionada, pero aún falta un día para su cumpleaños, así que tendrá que esperar. De momento tiene muchas ganas de comer con papá, mamá y el pequeño Valentín, el perro salchicha. Hoy le toca a Amaia hacer de cocinera con papá y está supermotivada.

Amaia y papá miran el calendario de la nevera: ¡qué bien! Hoy toca lentejas con zanahoria, cebolla, tomate, un poco de apio y lechuga. Ambos se colocan su delantal a juego y se ponen manos a la obra.

¡QUÉ MARAVILLA! ¡Vamos!

¡A Amaia le encanta escoger las mejores zanahorias! Pero se ha distraído un momento mirando cómo su padre cortaba las cebollas y se le ha caído una al suelo. Esa verdurita naranja con cresta no es de sus favoritas, así que cuando la ha recogido le han entrado muchas dudas sobre si le gustan o no.

Está tan dudosa que se le ha escapado un **PUAJ**, y no solo de viva voz, sino que el **PUAJ** está ahí. Lo puede ver. Y también habla. De hecho, hace muchísimas preguntas, en este caso acerca de las zanahorias.

Están a punto de comer, y, claro, Amaia nunca se había preguntado nada de eso. El **PUAJ** la convence, y, ante la duda, la niña deja las zanahorias en un borde del plato. Cuando su padre las ve, se extraña muchísimo y, de repente, ¡**PUAJ**! También se le aparece uno justo encima del hombro.

¿Qué le pasa a Amaia? ¿No le gusta el plato que hemos cocinado juntos? ¿Quizá le duele un diente? ¿O puede que le hayan dejado de gustar las zanahorias?

A pesar de tener tantas dudas, el padre intenta entender por qué ha apartado la verdura. Amaia la deja y se va a clase de música.

Después de un día muy largo, es hora de cenar.

El **PUAJ** sigue ahí. Firme. Y faltan menos de veinticuatro horas para el cumpleaños. **¡Amaia está muy cansada!**

Y Valentín también, pobre. Está tan agotado que se ha quedado...

...dormido encima de su bol de comida.

Es noche de tortilla de patata, uno de los platos favoritos de Amaia, pero ha merendado hace muy poco y solo de ver a Valentín ya le ha entrado mucho sueño. **¡Ups!** ¿Qué es eso? ¡Otro **PUAJ**! Ha venido a preguntar si está demasiado cansada o demasiado llena como para terminarse el plato.

Nos encanta la tortilla, pero ¿verdad que estamos agotados y no podemos terminárnosla? ¿No podemos hacer como Valentín e irnos a dormir?

Su madre también duda y... ¡**plop**!
¡Aparecen sus **PUAJ**!

¿Le pasa algo a Amaia?
¿Ya no le gusta la tortilla?
Como la cebolla y la patata
le gustan tanto, ¿puede ser
que se encuentre mal?

La madre de Amaia se acerca a la niña y le pregunta cómo le ha ido el día. Ve que está hipnotizada con el perro salchicha y que aún le quedan un par de trocitos de tortilla en el plato. Amaia bosteza y le sonríe. La madre la mira enternecida, guarda lo que sobra en una fiambrera y se van a dormir todos, también los **PUAJ**.

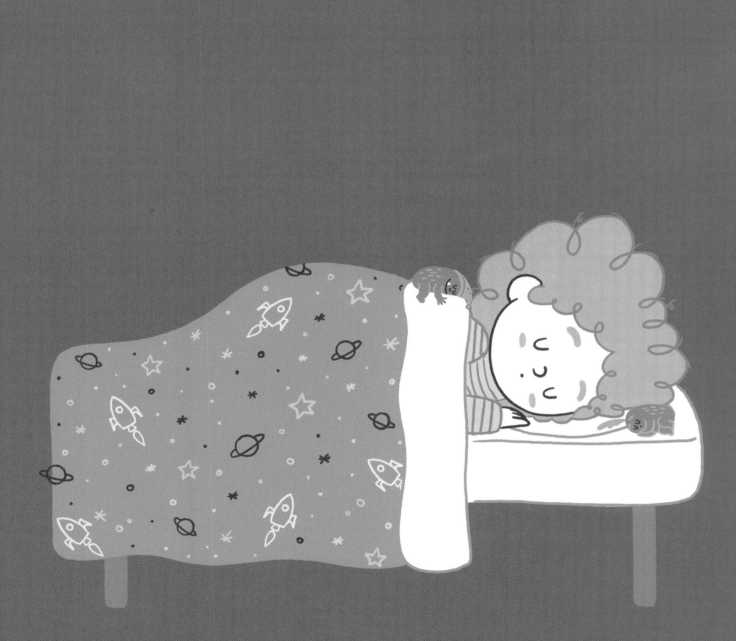

¡Es el cumpleaños de Amaia! ¡Por fin!

Cada año sus padres le cantan la misma canción, y todos juntos bailan en su habitación. Valentín también, por supuesto. Después de ese despertar con tanto ritmo, cogen las bicis y se dirigen a la escuela bajo un cielo despejado. De camino, madre e hija comentan el desayuno de esa mañana.

¡QUÉ DIVERTIDO! ¡Han probado un poco de todo!

Amaia ya sabía que el yogur le gusta mucho. Es blanco y blando, como las nubes, pero en la mesa también había unas bayas y unos frutos secos. Y os imagináis quién ha aparecido, ¿verdad? ¡Los **PUAJ**! Y ya van tres. Le han preguntado sobre esas pelotitas de color lila y esos frutos que no son líquidos, y, como a mamá también le ha entrado la curiosidad, se han puesto a probar.

Primero han mezclado un poco de yogur con frutos secos. **¡Guau!**
¡Ya no estaban secos! A mamá le ha encantado.

Después, han hundido las bayas en el yogur y las han pescado. Cuando los **PUAJ** han visto que las bayas lilas seguían siendo del mismo color, han surgido un montón de preguntas.

¿Nos gustará, si es duro por fuera y blando por dentro? ¿No estamos estropeando el blanco del yogur con estas bolitas lilas?

Amaia mira al cielo y separa varias nubes con la mirada: una con forma de yogur y otras más pequeñas, como bolitas, que parecen bayas.

Estamos en el colegio. Esta noche es la fiesta de cumpleaños de Amaia.
¡Le hace una ilusión tremenda! Vendrán los abuelos y la prima Laura.
¿Y sabéis quién más vendrá? Correcto: ¡los **PUAJ**! Es verdad que son
muy majos y hacen compañía, pero preguntan muchísimas cosas y empiezan
a ser demasiados.

Además, es hora de comer en el cole, y la **pequeña tribu** siempre aparece
a la hora de comer.

Por la mañana han tenido clase de música y han descubierto un montón de instrumentos nuevos, como los de percusión. Están aprendiendo muchísimas cosas, porque no solo han visto esos instrumentos, sino que hoy, además de crema de calabaza y garbanzos, en la comida hay **brócoli**, y ni Leire ni Amaia sabían lo que era.

¡QUÉ DÍA MÁS DIVERTIDO!

Después de tomarse la crema de calabaza y de terminarse los garbanzos, ha aparecido otro **PUAJ** preguntándose muchas cosas acerca de ese palo con peluca verde: **«¿Bró-co-li?»**.

> ¿Nos gusta este arbolito?
> Nos gustan las verduras verdes, pero ¿por qué esta tiene dos partes? ¿Por qué no puede ser como la lechuga o el apio, que nos encantan?

Las dos amigas se han mirado y, tras investigarlo, han visto que era muy parecido a algo que habían aprendido esa misma mañana: Leire ha cogido el brócoli y lo ha movido como si fuese una maraca. **¡Yuju!** Luego lo ha probado y de repente ha dicho:

–¡MMM! Pero ¡si está buenísimo!

En cambio, a Amaia le ha parecido que era como un micrófono. Después de cantar y cantar, sigue teniendo dudas. Además, ¿habéis oído eso?

¡Cómo desafinan los PUAJ!

Amaia está jugando en el parque con Valentín. ¡Qué bien lo pasan! Les encanta bajar por el tobogán, tanto que pueden bajar hasta siete veces seguidas.

En dos horas ya llegarán todos los invitados a casa, y Amaia está un poco nerviosa. Sabéis por qué, ¿verdad? Exacto, por los **PUAJ**. Miradlos, ahí están otra vez.

De hecho, ya son cinco. En la merienda Amaia ha tenido dudas sobre el yogur y la mandarina. Los **PUAJ** se han fijado en su piel anaranjada y han alucinado con el tacto. ¿En serio que ahí dentro hay una fruta tan chula? Pero esa no era la gran duda, sino el tema del yogur.

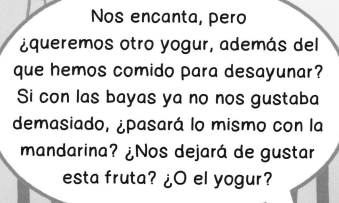

Nos encanta, pero ¿queremos otro yogur, además del que hemos comido para desayunar? Si con las bayas ya no nos gustaba demasiado, ¿pasará lo mismo con la mandarina? ¿Nos dejará de gustar esta fruta? ¿O el yogur?

Valentín ladra desde un arenero. Aunque le gusta mucho el tobogán, ya ha bajado muchas veces por él y ahora le apetece jugar en el suelo, que es blandito. Amaia se pregunta si le pasará lo mismo con el yogur, así que decide comerse solo la fruta y le devuelve el yogur a sus padres.

Tanto papá como mamá están un poco preocupados, y, claro, mirad quién aparece: ¡los **PUAJ**! Y están aquí para preguntarse qué le pasa a Amaia con el yogur.

¿Habrá perdido
el apetito?
¿Le habrá cogido
manía al yogur?

¿Le pasará
lo mismo esta noche
con el pastel
de cumpleaños?

¡Ay, pobres! Ellos también tienen sus **PUAJ** y no parecen calmarse. Cogen el yogur, lo guardan y le dan otra mandarina a Amaia.

¡QUÉ ILUSIÓN!

Por fin es la fiesta de cumpleaños
de Amaia.

¡Cuántos nervios! ¿Qué forma tendrá este año el pastel? ¿Qué le regalarán? **¡Y, mirad, están todos!** Eso ya es el mejor regalo: los abuelos, la prima Laura, la vecina, Leire y Valentín. ¡Todo el mundo! Por supuesto, ¡también están los **PUAJ**! Amaia pensaba que la dejarían celebrar su cumpleaños tranquila. Vale, molestar no molestan, pero son un poco pesados. Además, ya hay muchos y todos tienen demasiadas preguntas.

Y, por si fuera poco, los **PUAJ** de los padres también están ahí, y están igual de preguntones. Están inquietos porque Amaia lleva unos días que no está del todo tranquila con la comida. Aun así, lo tienen todo preparado para la ocasión.

Amaia tiene los ojos vendados. Siempre lo hacen así cuando sacan el pastel, porque de este modo ella tiene tiempo para pensar un deseo antes de soplar las velas. Sin embargo, este año no está muy inspirada; no se le ocurre ningún deseo con tantas preguntas de los **PUAJ**. Están todo el día dando vueltas: que si las zanahorias, que si el trozo de tortilla que se dejó ayer, que si el yogur, que si el palo con peluca llamado «brócoli»... E incluso también ha visto un par de **PUAJ** con sus padres. **¡Cuántas cosas!** Pero, ey, esperad, **ha tenido una idea**. Ya tiene el deseo. Justo antes de que le quiten el pañuelo de los ojos, Amaia se dice a sí misma:

¡Este año quiero que los **PUAJ** no sean tan pesados!

Cuando abre los ojos descubre el pastel. Es su favorito: su madre lo llama *carrot cake*. Sopla las velas. Todos aplauden y Amaia prueba un trocito. **¡Está buenísimo, como siempre!** Claro, es el que le preparan cada año: el pastel de zanahoria. Un momento, ¿de zanahoria? Si ese es su pastel favorito, entonces a Amaia sí que le gusta la zanahoria. De hecho, le encanta. Al pensarlo, uno de los **PUAJ** sale volando hacia el techo de la habitación y estalla en mil colores.

Parecen fuegos artificiales,
como cohetes amarillos
en forma de palmera.
¿Ha desaparecido?

¡Anda, si el pastel tiene forma de micrófono! ¡Cómo la conocen en casa! A Amaia le encanta la música, y la tarta tiene la misma forma que ese arbolito del colegio. ¿«Brócoli», se llamaba? La cumpleañera mira a Leire y empieza a cantar como han hecho antes en el colegio. Ella le contesta sonriente y le hace un gesto de tocar las maracas. ¿No será que también les gusta el brócoli? Prueba otra cucharada del pastel y... **¡Plop!** Otro **PUAJ** sale volando de los hombros de Amaia, despegando como un cohete hacia el techo. **¡Chas!**

¡Oh! Amaia se ha dado cuenta de que el pastel tiene una fina capa blanca por encima y unas bolitas. ¿Será yogur? ¿Y lleva frutas? ¡Sea lo que sea, le quedan de maravilla esos adornos! Tal vez el yogur tiene eso, que cada vez que le pones algo encima combina a la perfección. Le da otro mordisco al pastel y...
¡Fiuuu! Otro **PUAJ** sale volando hacia el techo de la habitación.

A Amaia le ha cambiado la cara totalmente. Le brillan los ojos. Solo tiene un par de **PUAJ** a su alrededor, pero ahora ya no le preocupan. **Lo más importante es que sabe cómo hacerlos desaparecer: es tan sencillo como contestar a sus preguntas.**

Después de esos tres mordiscos, los padres de Amaia ven que ha cambiado algo en su mirada. La niña los mira con ilusión y les dice que le encanta la tortilla. La tortilla, el pastel y toda la comida que hacen juntos, pero por culpa de los **PUAJ** últimamente tenía muchas dudas.

Ellos estaban preocupados por si le pasaba algo o por si había perdido el apetito, pero sus ojos lo reflejan: está tan contenta con su pastel, con su decisión por entender cómo funcionan los **PUAJ**, que algo ha cambiado en ella. Y los **PUAJ** de los padres ¿dónde están? Han salido disparados hacia el techo.

Pero no se han ido, ¿o sí? ¿Qué hay ahí arriba? ¿Qué son esas criaturas? Del techo de la habitación, entre el humo amarillo, bajan levitando unos invitados más. Son seres encantadores: los **PUAJ** que habían despegado y estallado en mil colores se han convertido en **ÑAMI**, una tribu muy sabia que recuerda todo aquello que tanto le gusta a Amaia.

Está el **ÑAMI** de la zanahoria. Miradlo, lleva una cresta, como la hortaliza, y está muy fuerte, que es lo que ocurre cuando comes muchas zanahorias.

También está el **ÑAMI** cantarín, que tiene una especie de pelo afro. Ah, claro, como la forma del micrófono y del brócoli. Pobrecito, todo el mundo se mete con él solo por su forma, cuando realmente es un alimento buenísimo y tan divertido como su pelo.

Y fijaos en ese pequeñín de ahí: tiene pequitas, como las bayas de encima del yogur. Los dos están superricos, y ni las bayas ni el yogur tenían ninguna culpa de nada. Era simplemente que Amaia no entendía por qué se mezclaban.

Todos ellos rodean a dos grandes **ÑAMI**, Melisa y Juan, que a partir de ahora serán los guías que siempre ayudarán a responder cualquier duda que Amaia tenga sobre los **PUAJ** y sobre la comida.

APUNTES Y RECETAS PARA MOTIVAR UNA ALIMENTACIÓN SALUDABLE

ETAPAS DEL APETITO A LO LARGO DE LA INFANCIA

Durante muchas etapas a lo largo de la infancia el apetito puede fluctuar. De hecho, la Academia Americana de Pediatría define el apetito infantil como «errático e impredecible», adjetivos que bien valdría tener presentes para reducir nuestras expectativas y comprender los distintos cambios que experimentan nuestros peques.

Aun teniendo esto en cuenta, solemos observar en consulta y en charlas que muchas familias esperan que sus hijos e hijas muestren siempre buena disposición hacia la comida y hacia una dieta variada, porque de lo contrario podrían merecer etiquetas como «malcomedores», cuando realmente el apetito adulto varía también de acuerdo con las necesidades del momento y con otros factores, como el estrés, la actividad física, etc. Todo ello puede influir también en nuestro comportamiento alimentario, y es saludable que así sea para que el cuerpo se asegure de que comemos lo que realmente necesitamos.

¿Por qué el apetito de los niños puede ser errático e impredecible a partir del primer año?

Sabemos que, una vez que el niño o la niña supera los primeros doce meses de vida, ya nunca volverá a crecer tan rápido. Solemos comentar en consulta que el crecimiento intrauterino es increíble: pasan de ser del tamaño de un grano de arroz a un bebé de tres kilos en nueve meses, multiplicándose en peso y altura como nunca más pasará. Tras el nacimiento, siguen mostrando una velocidad de crecimiento bastante alta, puesto que la mayoría de los bebés llega a los doce meses habiendo triplicado el peso del nacimiento y doblado la altura, mientras que entre los doce y los veinticuatro meses solo ganan uno o dos kilos y la estatura aumenta más lentamente. Por ello, resulta lógico pensar que, a medida que se estabiliza la velocidad de crecimiento, el apetito fluctúa más.

Así pues, habrá días o semanas en que tendrán más apetito, y otros en que tendrán menos.

Además, hay que tener en cuenta otros factores que pueden afectar al apetito en esta etapa:

- La calidad nutricional y el tipo de alimentos que se ofrecen.

- Los horarios.

- El manejo del momento de la comida por parte de la familia.

- Los retos sensoriales y de masticación.

- El entorno.

- Las expectativas poco realistas que no tienen en cuenta nada de lo anterior.

LA CALIDAD NUTRICIONAL Y EL TIPO DE ALIMENTOS QUE SE OFRECEN

Situación frecuente	Ofrecer porciones de gran tamaño en el desayuno o la comida puede provocar que el niño cubra una buena parte de sus necesidades en estas comidas y que el resto del día no tenga interés ni apetito para comer otras cosas.	Ofrecer productos muy calóricos fuera de las comidas principales (por ejemplo, merendar bollería o zumos pasteurizados) puede hacer que en otras comidas no muestren apetito.
Buena práctica	Podría notarse una mejoría si se ofrecen porciones más pequeñas —en función del apetito del niño— con mayor frecuencia.	Ofrecer alternativas saludables (por ejemplo, frutas) puede ayudar a incrementar el apetito en las comidas principales.

Cuando sugerimos estos cambios es habitual que las familias se preocupen porque pueden pensar que «si no come X (generalmente algún producto ultraprocesado y rico en azúcares), no comerá». Sin embargo, además de recomendar que la transición se haga de forma progresiva, es importante saber que contamos con distintos mecanismos que nos ayudan a mantener la ingesta de suficientes calorías a lo largo del día.

En cuanto al aspecto evolutivo, también es importante tener en cuenta que:

1) Nacemos con predilección por los sabores dulces y por alimentos más densos. Por lo tanto, es habitual que los niños y las niñas rechacen las verduras, que son el grupo que menor densidad aporta a la dieta y más trabajo de masticación requiere. (Esto no significa que no se los debamos ofrecer, pero tendremos que tener más paciencia para que los acepten).

2) Existe la neofobia alimentaria o rechazo a probar nuevos alimentos, que se ha relacionado con el hecho de que, al ser omnívoros, cuando comenzamos a caminar y a ser capaces de separarnos de nuestros padres, podríamos llevarnos cualquier alimento —venenoso o no— a la boca. Por eso, se incrementan las señales de cautela al probar alimentos que no reconocemos.

3) Llegamos al mundo conectados a nuestra regulación del hambre y la saciedad, que nos indicará cuándo tenemos que comer más o menos, puesto que se ajusta a las necesidades de crecimiento y desarrollo que tenemos, y que son diferentes en cada persona.

4) Es frecuente que, una vez que el niño o la niña aprenda a comer, a hacer la pinza para coger alimentos o a utilizar cubiertos, la novedad de probar alimentos nuevos ya no despierte tanto interés como aprender a hacer una torre de cubos u otras actividades.

LOS HORARIOS

No todos tenemos hambre a las mismas horas, y aunque es bueno crear rutinas, también es importante ser flexible y permitir que los niños y las niñas regulen su ingesta en las distintas comidas del día.

DESAYUNO   **ALMUERZO**   **COMIDA**   **MERIENDA**   **CENA**

Levantarse con poco apetito

Llegar a la cena sin apetito

Momentos en que pueden sentir más hambre

- Ofrecer alimentos saludables: frutas, cereales integrales, lácteos sin azúcar añadido, alimentos proteicos saludables...

- Permitirles decidir si quieren comer.

- Hacer una merienda-cena.

- Si el horario lo permite, adelantar la hora de cenar.

Comportamiento normal

- Cada niño y niña comerá porciones adecuadas a su apetito.

- Los adultos ofrecemos un menú saludable del cual el niño podrá decidir los grupos de alimentos que comerá en cada comida (por ejemplo, al servir un plato de pollo o de garbanzos con patatas y ensalada, dejamos que el niño coma solo las patatas y así logre un equilibrio con el resto de las comidas del día o de la semana).

- Los gustos van cambiando y pueden fluctuar.

¿Cuándo hay que buscar ayuda?

- Si el niño no come con apetito en ninguna comida.

- Si se nota una pérdida de peso o una detención del crecimiento.

- Si se perciben cambios en la conducta, irritabilidad constante o decaimiento.

- Si se rechazan grupos enteros de alimentos (por ejemplo, si nunca quiere ninguna fruta o si solo admite un alimento concreto).

- Si cada vez acepta menos opciones y comienza a limitar el menú, puesto que, una vez rechazados, puede tardar varios días o semanas en volver a aceptar ciertos alimentos.

- Si le gustan menos de diez alimentos (por ejemplo, yogur, pan, queso, arroz blanco, pasta blanca...).

EL MANEJO DEL MOMENTO DE LA COMIDA POR PARTE DE LA FAMILIA

El ambiente a la hora de comer es igualmente muy importante. Si comparten el rato de la comida es mucho más probable que los niños muestren buena disposición para comer o probar los alimentos que se le ofrecen. En cambio, si primero se sirve la comida a los niños y luego a los adultos, suelen mostrar menos apetito y querer irse antes de la mesa.

En el momento de la comida hay que evitar

- Un ambiente tenso.
- Observar constantemente si el niño come o no.
- Hacer juicios o comentarios sobre el tema.
- Conversar sobre cuestiones conflictivas.

Se recomienda

- Generar un ambiente agradable.
- Mirar al niño como se miraría a cualquier otro miembro de la familia.
- Mantener conversaciones tranquilas.

LOS RETOS SENSORIALES Y DE MASTICACIÓN

A partir de los doce meses y hasta los siete u ocho años, a medida que el cerebro y el sistema nervioso se desarrollan, seguimos aprendiendo a procesar las señales del mundo que nos rodea, y puede ocurrir que ciertos estímulos sensoriales nos resulten más o menos agradables según la facilidad con la que los podamos integrar en nuestro día a día.

Colores

Es frecuente que la mayoría de los niños y las niñas prefieran alimentos de color blanco:

- Yogur
- Lácteos
- Pan blanco
- Pasta blanca
- Arroz blanco
- Galletas

Esto también está relacionado con la neofobia. Los estudios demuestran que se agudiza con colores como el verde o el rojo, que pueden presentarse en plantas o bayas venenosas.

Texturas

Los niños pasan por etapas en que no quieren purés o en que evitan alimentos con más de una textura, como el tomate, que al morderlo es líquido por dentro, o los arándanos, que pueden estar más firmes o más blandos.

Olores

Los olores y los sabores también pueden influir. Hay niños más sensibles que otros al olor de las coles o del pescado, así como a sabores más neutros o más pronunciados (ácidos, especiados...).

Masticación

La masticación se sigue perfeccionando, pero es un aspecto complejo. Durante este proceso, se prefieren alimentos que no requieran tanto trabajo masticatorio y se rechazan los que son más difíciles de masticar.

Preferencia de alimentos

Porque se parten fácilmente:

- Rosquillas
- Cereales de caja
- Galletas
- Alimentos crujientes

Porque tienen una textura suave:

- Humus
- Guacamole
- Queso crema

Mayor rechazo

- Carnes
- Vegetales
- Algunas frutas

EL ENTORNO

A medida que se hacen mayores, irá tomando más relevancia lo que comen sus compañeros y compañeras. Así, puede que nos pidan cosas que antes no comían o que rechacen alimentos que antes aceptaban; este rechazo puede deberse a que hayan escuchado algún mensaje desagradable o porque consideren que no son tan bien aceptados como otras alternativas.

LAS EXPECTATIVAS POCO REALISTAS
QUE NO TIENEN EN CUENTA NADA DE LO ANTERIOR

Al abordar estos temas, solemos invitar a reflexionar sobre si sería mejor que los niños comieran siempre lo que les ofrecemos, aunque no les apetezca, y que dejen de escuchar a sus cuerpos en el camino —lo cual haría que de adultos tuvieran que trabajar para reconectar con esas sensaciones perdidas—, o bien que comiesen lo que necesitan para crecer sanos y fuertes y conectados a estas sensaciones corporales, aunque esto implique que tengamos que trabajar nuestros miedos o creencias.

Seguro que la mayoría de nosotros preferimos hacerles más fácil el camino y permitirles crecer conectados con lo que el cuerpo les pida.

No nos gustaría despedirnos sin recordar que, si notáis alguna señal de alarma como las que hemos descrito en «¿Cuándo hay que buscar ayuda?» (pérdida de peso o detención del crecimiento, rechazo creciente e incesante de alimentos, pérdida de apetito...), lo aconsejable es consultarlo con un equipo de salud (pediatría, enfermería o nutrición infantil) para valorar si todo está progresando adecuadamente.

Con esta historia, esperamos contribuir a que padres y madres compartan una visión más real sobre la alimentación infantil y que, con esta información complementaria, tengan mayor confianza y tranquilidad ante los cambios habituales de estos años, de manera que puedan disfrutar mucho más de las comidas en familia.

RECETAS SALUDABLES DE JUAN LLORCA

A lo largo de la historia Amaia y sus padres han podido convertir sus **PUAJ** en **ÑAMI** gracias a que han entendido la razón que se escondía detrás de cada plato, de cada ingrediente y de cada receta. Los han probado y ahora ya saben todo lo que les gusta.

En este apartado encontraréis estas mismas recetas para cocinar en casa y, además, unos consejos para convertir los **PUAJ** en **ÑAMI**.

GUISO DE LENTEJAS CON MANZANA

(PARA 4 PERSONAS)

INGREDIENTES

375 g de lentejas pardinas
½ apio picado
1 cebolla picada
½ brócoli
1 puerro picado
6 ajos tiernos picados
1 pimiento verde picado
1 cucharadita de comino
1 rama de romero
2 manzanas en dados
2 patatas en dados
3 nabos
La piel y el zumo de un limón
Agua
Aceite de oliva virgen extra
Pimienta y sal

ELABORACIÓN

La mezcla puede resultar un tanto curiosa, pero os aseguro
que están superricas.

Hacemos un sofrito con las verduras picadas y un buen chorro
de aceite a fuego medio. Cuando las tengamos listas, añadimos
el comino, el agua y la sal y dejamos que hierva.

A continuación incorporamos las lentejas, las patatas, el nabo,
las manzanas, el brócoli, el limón y el romero.

Dejamos cocer hasta que vaya absorbiendo el agua (la cantidad
justa para que nos queden melosas), rectificamos de sal
y echamos pimienta.

Una vez listas, las dejamos reposar unos diez minutos y ¡listo!

Unas ricas lentejas con el sabor del romero, el comino y el limón,
y el dulzor de la manzana.

ES IMPORTANTE
JUGAR CON NUEVAS
TEXTURAS EN ALIMENTOS
QUE YA CONOCEMOS.

TORTILLA DE PATATA SIN FREÍR

(PARA 4 PERSONAS)

INGREDIENTES

6 patatas grandes peladas y chascadas
5 huevos camperos
1 cebolla en juliana
1 diente de ajo picado
Aceite de oliva virgen extra
Sal

ELABORACIÓN

Vamos a preparar una tortilla, pero sin tener que freír las patatas.

Lavamos las patatas, las pelamos y las chascamos. Llenamos una olla con agua con sal y hervimos las patatas hasta que estén hechas, sin que se deshagan.

Por otro lado, mientras se cuecen las patatas, ponemos aceite en la sartén donde haremos la tortilla y rehogamos a fuego lento la cebolla en juliana y el diente de ajo.

Paralelamente, batimos los huevos.

Cuando estén listas las patatas y la cebolla, escurrimos bien las patatas, las chafamos un poco y las ponemos en un bol de cristal. Añadimos las cebollas y los huevos, rectificamos de sal y lo mezclamos bien.

Añadimos todo a la sartén donde hemos hecho la cebolla y lo cocinamos como si fuera una tortilla de patata convencional, con la precaución de que esta es un poco menos consistente.

¡Ya tenemos lista nuestra tortilla sin freír!

ES RECOMENDABLE CUIDAR EL MOMENTO DE LAS COMIDAS Y PROPICIAR AMBIENTES DISTENDIDOS.

CREMA DE CALABAZA, LENTEJAS ROJAS Y COCO

(PARA 4 PERSONAS)

INGREDIENTES

- 1 calabaza cacahuete
- 1 cebolla
- 1 diente de ajo
- 1 pimiento rojo
- 3 tomates maduros (pera o en conserva)
- 50 g de lentejas rojas
- 200 ml de leche de coco de bote
- 1 cucharadita de cúrcuma en polvo
- Aceite de oliva virgen extra
- Sal
- Semillas de sésamo
- Agua o caldo casero

ELABORACIÓN

Primero de todo, cortamos la cebolla y el pimiento en juliana
y picamos el ajo. Echamos un chorro de aceite en una olla y
lo ponemos a rehogar todo junto a fuego lento.

Mientras, vamos cortando en trozos la calabaza y el tomate
y preparamos el resto de los ingredientes.

Una vez la cebolla tome color, añadimos el tomate, lo cocinamos
unos cinco minutos y bajamos el fuego.

Agregamos la cúrcuma, la sal, la calabaza, las lentejas rojas
y la leche de coco, y lo cubrimos todo con agua o caldo.

Subimos el fuego y lo tapamos hasta que empiece a hervir.
Cuando esté hirviendo, lo dejamos cocer a fuego medio hasta
que la calabaza esté tierna. Esto dependerá mucho del grosor
de los cortes de la calabaza, pero no os llevará más de veinticinco
o treinta y cinco minutos.

Lo sacamos del fuego y lo trituramos.

El espesor y la consistencia dependerán de la cantidad de caldo
o de agua que le hayamos echado durante la cocción, la intensidad
del fuego y de cómo nos guste tomarnos las cremas.

La servimos con unas cuantas semillas de sésamo, un poco
de aceite de oliva virgen extra y... ¡listo!

ES BUENO INTRODUCIR
NUEVOS ALIMENTOS
PARA IR DESCUBRIENDO
SUS COMIDAS FAVORITAS.

YOGUR CON COSITAS

(PARA 4 PERSONAS)

INGREDIENTES

4 yogures griegos
o normales naturales
1 mango fresco
Ralladura de una naranja
12 frambuesas
12 arándanos
Pistachos picados
Hojas de hierbabuena

ELABORACIÓN

Primero, preparamos la crema de yogur griego: mezclamos los cuatro yogures con la ralladura de naranja hasta que quede una crema homogénea y luego añadimos el pistacho picado.

Pelamos el mango y lo cortamos en cubitos.

Montamos los vasitos de yogur y el mango por encima.

Adornamos cada vasito con frambuesas, arándanos, pistachos picados y hojitas de hierbabuena. ¡Y ya lo tenemos!

Lo podemos servir en el momento, pero es mejor que repose unas horas en la nevera para que coja algo de consistencia y los sabores se potencien.

VARIACIONES PARA HACER ESTE POSTRE DE YOGUR Y MANGO:

Podemos usar cualquier yogur (de vaca, de cabra, de soja o de avena) siempre que sea natural.

Podemos emplear otras frutas para hacer la receta, como fresas, papaya, moras, kiwi...

También podemos añadir otros frutos secos; por ejemplo, cacahuetes, anacardos, nueces..., o incluso en crema.

NO ES RECOMENDABLE OFRECER ALIMENTOS CALÓRICOS ENTRE COMIDAS QUE QUITEN EL APETITO.

PETIT-SUISSE CASERO CON FRESAS

(PARA 4 PERSONAS)

INGREDIENTES

- 1 yogur natural
- 1 taza de anacardos
- 5 dátiles en remojo con los anacardos
- Bebida de soja o de avena o bien leche
- Fresas

ELABORACIÓN

El sabor a fresa dependerá de la cantidad de fruta y de bebida o leche que le pongamos y también de la consistencia del yogur.

Un par de horas antes, ponemos en remojo los anacardos con los dátiles en la bebida o la leche.

Trituramos los anacardos y los dátiles en un vaso batidor, junto con un poco de bebida vegetal o leche, hasta obtener una textura fina.

Añadimos el yogur y volvemos a triturar.

A continuación, añadimos las fresas y seguimos triturándolo.

Lo dejamos enfriar en la nevera durante unas horas. El punto final lo pondremos con unos trozos de fresas colocados por encima.

INNOVAR CON LOS ALIMENTOS HABITUALES AYUDA A ACEPTAR INGREDIENTES QUE NO CONOCEMOS.

CARROT CAKE CON FROSTING DE YOGUR

(PARA 8 PERSONAS)

INGREDIENTES PARA EL BIZCOCHO

4 zanahorias
220 g de pasas hidratadas
250 ml de zumo de naranja
125 ml de bebida vegetal
180 ml de aceite
30 g de impulsor
100 g de nueces
335 g de harina de avena
1 cucharadita de canela
1 cucharadita de nuez moscada
1 cucharadita de jengibre
Sal

INGREDIENTES PARA EL FROSTING

140 g de anacardos hidratados
75 ml de aceite de coco
140 ml de bebida vegetal
Media vaina de vainilla

ELABORACIÓN

Para esta tarta empezaremos con el glaseado o *frosting* de anacardos. Simplemente debemos triturar todos los ingredientes hasta que obtengamos una crema muy muy fina y dejarlo enfriar en la nevera mientras hacemos el bizcocho.

Para el bizcocho, empezamos triturando las pasas hidratadas y rallando las zanahorias.

A continuación, ponemos en un bol la harina con las especias, el impulsor y una pizca de sal, y mezclamos.

Luego mezclamos el zumo de naranja con el aceite y la leche vegetal. Lo removemos bien y lo añadimos a la harina.

Lo vamos mezclando poco a poco y agregamos las zanahorias ralladas con la pasta de pasas y unas nueces rotas con la mano. Seguimos mezclándolo.

Lo horneamos en un molde de unos 18 o 20 cm durante media hora, más o menos, a 180 °C. El pastel tendrá dos pisos, por lo que podemos cocer toda la masa en un solo molde (si es suficientemente grande) o bien podemos dividir la masa en dos y cocerlo en dos moldes.

Una vez frío, lo desmoldamos y cortamos el pastel por la mitad (si hemos usado un solo molde) o bien nivelamos los bizcochos (si hemos usado dos). Rellenamos la tarta y la decoramos.